Foie gras
& terrines maison !

Textes et photographies
de Jean-François Mallet

Albums
LAROUSSE

Sommaire

TERRINES TRADITIONNELLES

AUTRES TERRINES MAISON

Quelques conseils pour débuter

Choisir un bon foie gras

Le foie gras doit être d'une couleur homogène, sans hématome ou autre coloration indésirable, et être sans marque de fiel (la bile de l'animal). Si le foie gras est légèrement rouge, grisâtre ou brun, c'est le signe que la bête a été mal gavée : la viande sera alors moins goûteuse et surtout moins fondante. Il faut aussi être attentif à l'odeur, qui doit être subtilement musquée et fraîche. La texture est un autre critère de sélection : souple, ferme et sans granulosité, afin que le foie ne rende pas trop de graisse lors de la cuisson. La pression d'un doigt sur le lobe doit provoquer une légère marque qui disparaîtra progressivement. Comptez entre 300 et 700 g pour un lobe de canard, et entre 400 et 900 g pour du foie d'oie. N'hésitez pas à acheter votre produit à l'avance : placé au congélateur, bien enveloppé (pour éviter qu'il se dessèche), le foie gras se conserve très bien.

Foie gras cuit ou foie gras mi-cuit ?

Le foie gras mi-cuit a un goût moins corsé que le fois gras cuit, mais une texture plus moelleuse. Le foie gras cuit est souvent cuit au torchon avec une marinade corsée : il a un goût plus traditionnel ; il se conserve plus longtemps.

Préparer le foie gras

La première étape consiste à dénerver le foie gras. Placez-le à température ambiante, puis ôtez les veines du foie à l'aide de la pointe d'un couteau. Ne retirez que les grosses veines, afin d'abîmer le moins possible le lobe (vous pouvez aussi trouver des foies gras surgelés déjà dénervés). Certaines recettes nécessitent une marinade, pour corser le goût. Pour le matériel, l'idéal est d'utiliser une terrine en porcelaine ou en terre. Un bon conseil pour tasser le foie gras : déposez une conserve par-dessus.

Réaliser une terrine

Les terrines et rillettes traditionnelles doivent être préparées dans des terrines sans couvercle, afin de permettre à l'abondante humidité créée lors de la cuisson de s'évaporer. Pour la cuisson, privilégiez un bain-marie au four, qui permet de cuire sans brûler. Comme pour un gâteau, vérifiez la cuisson de la terrine en plantant une lame de couteau pendant 2 minutes : elle doit ressortir bien sèche. Enfin, pour le démoulage, munissez-vous d'un couteau fin et long qui vous permettra de détacher la terrine des parois ; retournez ensuite celle-ci sur une planche et secouez vivement de bas en haut jusqu'à ce qu'elle se désolidarise de son contenant.

Du bon pain…

Proposez, avec le foie gras notamment, des tranches épaisses de pain de campagne grillées, ou des tranches de brioche, ou bien encore des petits pains au lait préalablement dorés au four puis beurrés, salés et poivrés. Les pains aux figues ou aux raisins, taillés en tranches très fines et toastées, vous régaleront tout autant. Pour accompagner les recettes, retrouvez dans les pages suivantes des accompagnements : citrons confits, cornichons, chutney…

… et un bon vin !

Apportez la touche finale en choisissant des vins rouges, fruités et frais en accompagnement des terrines, rillettes et pâtés. Pour le foie gras, il est conseillé de déguster des vins liquoreux (du sauternes bien sûr, mais aussi un sainte-croix-du-mont ou encore un monbazillac par exemple). Un gewurztraminer en vendange tardive, ou encore du champagne accompagnera délicieusement bien le foie gras traditionnel ou cuit au torchon.

Cornichons au vinaigre

PRÉPARATION : 10 MIN

REPOS : 12 H, MACÉRATION : 3 MOIS

POUR 1 KG DE CORNICHONS

> 1 kg de tout petits cornichons
> 6 cuill. à soupe de gros sel gris de mer
> 200 g de tout petits oignons grelots épluchés
> 1 cuill. à soupe de graines de moutarde
> Quelques grains de poivre
> 1/2 l de vinaigre d'alcool de bonne qualité

Saupoudrez les cornichons de gros sel et laissez-les dégorger toute la nuit au réfrigérateur.
Le lendemain, lavez-les sous un filet d'eau froide, séchez-les. Disposez-les dans des bocaux préalablement ébouillantés puis séchés (pour les stériliser). Répartissez les oignons, les graines de moutarde et le poivre. Mouillez avec le vinaigre à hauteur, fermez les bocaux et laissez macérer 3 mois dans l'obscurité.

Champignons au vinaigre

PRÉPARATION : 10 MIN

REPOS : 12 H, MACÉRATION : 3 MOIS

POUR 1 KG DE CHAMPIGNONS

> 1 kg de petits champignons
> 6 cuill. à soupe de gros sel gris de mer
> 200 g de tout petits oignons grelots épluchés
> 1 cuill. à soupe de graines de moutarde
> Quelques grains de poivre
> 1/2 l de vinaigre d'alcool de bonne qualité
> Branches de thym
> Branches d'estragon

Suivez les mêmes étapes que pour les cornichons au vinaigre ; ajoutez des branches de thym et d'estragon dans les bocaux.

Citrons confits

PRÉPARATION : 10 MIN

MACÉRATION : 1 MOIS

POUR 20 À 30 TRANCHES DE TERRINE

> 1 kg de citrons (petits ou gros)
> 200 g de gros sel gris de mer

Lavez soigneusement les citrons. Si vous utilisez des citrons de toute petite taille, gardez-les entiers et piquez-les avec une fourchette sur toute leur surface. Si vous utilisez de gros citrons, coupez-les en quatre sans détacher les quartiers.

Versez 1 cuillerée à soupe de sel sur chaque fruit, puis placez les citrons dans un bocal (ou un saladier étroit) en les tassant bien les uns contre les autres. Mouillez avec de l'eau à hauteur, ajoutez le reste de sel et laissez macérer 1 mois.

Vérifiez au bout de 1 semaine que les citrons sont toujours bien immergés, sinon complétez avec du jus de citron.

Confiture d'oignons

PRÉPARATION : 25 MIN

CUISSON : 50 MIN ENVIRON, REPOS : 12 H

POUR 20 TRANCHES DE TERRINE ENVIRON

> 80 g de beurre demi-sel
> 200 g de sucre en poudre
> 1 kg de gros oignons émincés
> 10 cl de vinaigre de vin
> 1 verre de vin blanc (soit 25 cl)
> 1 cuill. à soupe de graines de coriandre
> Sel et poivre du moulin

Faites fondre le beurre dans une cocotte, ajoutez le sucre et les oignons émincés. Laissez caraméliser à feu doux. Ajoutez le vinaigre, le vin, les graines de coriandre, du sel et du poivre. Laissez cuire 45 minutes à feu très doux en remuant régulièrement, pour que le liquide s'évapore et pour obtenir une confiture. Versez dans des bocaux à vis. Laissez refroidir les bocaux retournés sur leur couvercle puis placez-les 12 heures au réfrigérateur.

Chutney aux tomates cerises

PRÉPARATION : 15 MIN, MACÉRATION : 2 H

CUISSON : 1 H, REPOS : 12 H

POUR 20 TRANCHES DE TERRINE

> 500 g de tomates cerises
> 250 g de sucre roux
> 5 grains de coriandre
> 1 pointe de couteau de piment en poudre
> 3 feuilles de laurier
> 2 clous de girofle
> 10 grains de poivre noir
> 1/3 de l de vinaigre de cidre

Laissez macérer tous les ingrédients 2 heures. Mettez le mélange à cuire 1 heure à feu doux, en remuant. Répartissez le chutney dans des bocaux à vis. Retournez-les et laissez-les refroidir à température ambiante sur les couvercles. Laissez-les reposer 12 heures au réfrigérateur.

Chutney à la mangue

PRÉPARATION : 15 MIN, MACÉRATION : 2 H

CUISSON : 1 H, REPOS : 12 H

POUR 20 TRANCHES DE TERRINE

> 500 g de mangue
> 150 g de raisins secs
> 250 g de sucre roux
> 5 grains de coriandre
> 1 pointe de couteau de piment en poudre
> 3 feuilles de laurier
> 2 clous de girofle
> 10 grains de poivre noir
> 1/3 de l de vinaigre de cidre

Suivez la même recette que pour le chutney aux tomates, en remplaçant les tomates cerises par la mangue et des raisins secs.

Cette terrine sera idéale pour un apéritif, servie sur des toasts chauds. Pour la réaliser, vous pouvez également utiliser du foie gras d'oie, en remplacement du foie gras de canard.

Terrine traditionnelle de foie gras

PRÉPARATION : 30 MIN

MARINADE : 1 H

CUISSON : 1 H

REPOS : 14 H

POUR 4 À 6 PERSONNES

> 1 gros lobe de foie gras cru de canard (700 g)
> 6 g de sel
> 3 g de poivre moulu
> 1/2 cuill. à café de noix de muscade râpée
> 5 cl de cognac

Placez le foie gras à température ambiante 30 minutes avant de commencer.

Ouvrez délicatement le foie gras et dénervez-le avec la pointe d'un couteau. Salez et poivrez le foie gras. Ajoutez la noix de muscade par-dessus puis arrosez-le avec le cognac.

Découpez le foie gras en morceaux. Disposez ceux-ci au fond d'une terrine en porcelaine en intercalant des morceaux « côté peau et côté chair ». Tassez l'ensemble avec la main et laissez mariner le foie gras pendant 1 heure à température ambiante.

Préchauffez le four à 110 °C (therm. 3-4).

Enfournez la terrine, placée dans un bain-marie, pour 1 heure. Laissez-la refroidir pendant 2 heures à température ambiante, puis 12 heures au réfrigérateur.

Découpez délicatement la terrine avant de la servir.

Ce foie gras est un régal, accompagné de tranches de brioche toastées. Vous pouvez remplacer le bouillon de pot-au-feu par des plaquettes de court-bouillon de bœuf ou de volaille.

Foie gras cuit au torchon

PRÉPARATION : 30 MIN

CUISSON : 15 MIN

REPOS : 24 H

POUR 4 À 6 PERSONNES

> 1 gros lobe de foie gras cru de canard (600 à 700 g)
> 25 cl de bouillon de pot-au-feu
> 25 cl de vin blanc liquoreux (sainte-croix-du-mont par exemple)
> 33 cl de porto rouge
> 10 grains de poivre noir
> 1 branche de thym
> 2 feuilles de laurier
> 1 cuill. à café de fleur de sel
> 1 cuill. à café de poivre moulu

Placez le foie gras à température ambiante 30 minutes avant de commencer.

Dans une grande casserole, réunissez le bouillon de pot-au-feu, le vin blanc, le porto, les grains de poivre, le thym et le laurier. Portez le tout à ébullition puis laissez réduire pendant 5 minutes à feu vif.

Ouvrez délicatement le foie gras et dénervez-le avec la pointe d'un couteau, salez et poivrez.

Mouillez un torchon sous un filet d'eau froide. Dressez une moitié du foie gras au centre du torchon puis recouvrez avec l'autre partie du lobe. Roulez le torchon en un gros baluchon en serrant fortement avec de la ficelle à rôti.

Plongez le foie gras au torchon dans la casserole de bouillon légèrement frémissant. Laissez cuire pendant 10 minutes à feu doux puis égouttez le foie gras et déposez-le dans un saladier. Recouvrez avec le jus de cuisson et mettez le tout à refroidir pendant 24 heures au réfrigérateur.

Lorsque le foie gras est figé, égouttez-le, retirez-le du torchon et conservez-le dans du film alimentaire. Taillez des tranches épaisses juste avant de servir et dégustez.

Cette recette de foie gras se décline de différentes façons : avant de le faire cuire, vous pouvez ajouter des fruits secs ou encore des quartiers de pommes ou de poires poêlés.

Foie gras au naturel cuit dans une verrine

PRÉPARATION : 10 MIN

CUISSON : 12 MIN

REPOS : 12 H

POUR 4 PERSONNES

> 1 gros lobe de foie gras de canard (600 à 700 g)
> 5 g de fleur de sel
> 2 g de poivre du moulin
> 3 cl de muscat, de porto ou de vin liquoreux

Placez le foie gras à température ambiante 30 minutes avant de commencer.

Ouvrez délicatement le foie gras et dénervez-le avec la pointe d'un couteau. Salez, poivrez et mouillez l'intérieur du foie avec le muscat, le porto ou le vin liquoreux.

Préchauffez le four à 160 °C (therm. 5-6).

Disposez le lobe de foie gras dans une verrine (vous pouvez utiliser un bocal ou un pot de confiture) en le tassant légèrement. Fermez le couvercle et mettez la verrine à cuire dans une casserole au bain-marie. Quand l'eau bout, laissez cuire pendant 5 minutes. Mettez-la ensuite au four (toujours au bain-marie) et laissez cuire pendant 7 minutes.

Déposez la verrine au réfrigérateur. Laissez reposer le foie gras pendant 12 heures avant de le servir.

Réalisez la même recette en version économique en remplaçant le foie gras par des lentilles cuites ou encore des fonds d'artichaut cuits à la vapeur.

Terrine de jarret de porc au foie gras

PRÉPARATION : 40 MIN

CUISSON : 1 H 20

REPOS : 12 H

POUR 6 À 10 PERSONNES

> 1 lobe de foie gras de canard (environ 300 g)
> 4 jarrets de porc demi-sel
> 4 feuilles de laurier
> 4 branches de thym frais
> 1 cuill. à soupe de moutarde en grains
> Sel et poivre du moulin

Placez le foie gras à température ambiante 30 minutes avant de commencer.

Mettez les jarrets de porc dans une grande casserole et mouillez à hauteur avec de l'eau. Ajoutez le laurier et le thym et laissez mijoter les jarrets pendant 1 heure à feu doux.

Pendant ce temps, ouvrez délicatement le foie gras et dénervez-le avec la pointe d'un couteau ; assaisonnez-le en sel et en poivre.

Égouttez les jarrets, décortiquez-les, retirez les os puis hachez grossièrement la chair et la couenne. Réunissez la chair des jarrets dans un saladier, ajoutez la moutarde, une demi-louche de bouillon de cuisson, poivrez et mélangez énergiquement. Taillez le lobe de foie gras en deux morceaux dans la longueur.

Préchauffez le four à 170 °C (therm. 5-6).

Disposez une couche de jarret haché d'environ 3 cm au fond d'une grande terrine en porcelaine puis posez un morceau de foie gras par-dessus. Recouvrez d'une nouvelle couche de jarret, puis du second morceau de foie gras. Terminez en versant le reste du jarret haché. Tassez légèrement le tout, puis enfournez la terrine pendant 20 minutes.

Sortez la terrine du four. Laissez-la tiédir 1 heure à température ambiante, puis 11 heures au réfrigérateur avant de la découper.

Voici une recette très facile à réaliser pour « cuire » le foie gras. À déguster avec un verre de porto et des petits toasts.

Foie gras aux pruneaux cuit au sel

PRÉPARATION : 5 MIN

REPOS (CUISSON AU SEL) : 12 H

POUR 4 À 5 PERSONNES

> 1 gros lobe de foie gras cru de canard (700 g)

> 10 pruneaux d'Agen dénoyautés

> 1/2 cuill. à café de poivre moulu

> 1 kg de sel gris de mer

Ouvrez délicatement le foie gras. Glissez-y les pruneaux, poivrez puis refermez-le.

Enveloppez le lobe de foie gras dans de la gaze et roulez-le pour lui donner la forme d'un cylindre. Déposez le foie gras dans un grand saladier, recouvrez-le de sel puis placez-le au réfrigérateur pendant 12 heures afin qu'il « cuise ».

Sortez le foie gras ; retirez le sel et la gaze. Découpez le foie gras en tranches épaisses et servez.

Outre les cèpes, cette terrine de foie gras peut tout aussi bien être préparée avec des champignons de Paris, des girolles, des trompettes-de-la-mort ou encore avec un mélange de différents champignons… au gré de vos envies !

Terrine de foie gras poêlé aux cèpes

PRÉPARATION : 25 MIN

CUISSON : 25 MIN

REPOS : 14 H

POUR 4 À 6 PERSONNES

> 1 gros lobe de foie gras cru de canard (700 g)
> 2 gousses d'ail
> 200 g de cèpes en bocaux
> 2 cuill. à soupe d'huile d'olive
> 1/2 cuill. à café de thym séché et haché
> Sel et poivre du moulin

Découpez le foie gras en tranches épaisses et placez celles-ci au congélateur.

Épluchez et hachez l'ail. Rincez les cèpes à l'eau courante puis émincez-les. Poêlez les morceaux de cèpes dans l'huile d'olive. Lorsqu'ils commencent à colorer, ajoutez l'ail haché et le thym. Laissez cuire pendant 2 minutes supplémentaires, puis laissez refroidir hors du feu.

Salez et poivrez les tranches de foie gras congelées puis saisissez-les à feu vif sans matière grasse dans une poêle antiadhésive, 2 minutes de chaque côté pour bien les colorer. Égouttez-les sur du papier absorbant et fendez-les en deux dans l'épaisseur.

Préchauffez le four à 160 °C (therm. 5-6).

Intercalez les tranches de foie gras et les morceaux de cèpes dans une petite terrine en porcelaine ; tassez bien le tout.

Enfournez la terrine placée dans un bain-marie pendant 10 minutes.

Sortez la terrine du four et laissez-la refroidir pendant 2 heures à température ambiante, puis 12 heures au réfrigérateur.

Découpez la terrine et dégustez.

En variante à cette recette, remplacez le foie gras de canard par du foie gras d'oie, et le magret fumé par du jambon cru.

Foie gras de canard en rouleau de magret cuit à la vapeur

PRÉPARATION : 30 MIN

CUISSON : 15 MIN

REPOS : 12 H

POUR 4 À 6 PERSONNES

> 1 petit lobe de foie gras cru de canard (400 g)
> 1 cuill. à café de sel de Guérande
> 1/2 cuill. à café de poivre noir moulu
> 2 cuill. à soupe de muscat
> 175 g de magret fumé en tranches

Placez le foie gras à température ambiante 30 minutes avant de commencer.

Ouvrez délicatement le foie gras et dénervez-le avec la pointe d'un couteau. Salez, poivrez et mouillez l'intérieur du foie avec le muscat.

Déroulez du film alimentaire et disposez-y au centre les tranches de magret fumé. Posez par-dessus le foie gras. Roulez le film alimentaire en un gros baluchon en serrant fortement avec de la ficelle.

Mettez le baluchon à cuire 15 minutes à la vapeur, puis laissez-le reposer 12 heures au réfrigérateur avant de le découper et de le déguster.

Si vous ne voulez pas de goût sucré trop prononcé, disposez les tranches de pain d'épice dans la terrine sans les avoir au préalable poêlées avec le miel.

Foie gras au pain d'épice

PRÉPARATION : 25 MIN

CUISSON : 10 MIN

REPOS : 24 H

POUR 5 À 6 PERSONNES

> 1 gros lobe de foie gras de canard (600 à 700 g)
> 1 cuill. à café de fleur de sel (ou 3 g de sel fin)
> 1/2 cuill. à café de poivre moulu
> 1 cuill. à café de curry
> 1 cuill. à soupe de vin blanc sec
> 3 tranches de pain d'épice
> 3 cuill. à soupe de miel liquide

Placez le foie gras à température ambiante 30 minutes avant de commencer.

Ouvrez délicatement le foie gras et dénervez-le avec la pointe d'un couteau. Salez, poivrez, ajoutez le curry et mouillez l'intérieur du foie avec le vin. Laissez mariner quelques minutes.

Parez les tranches de pain d'épice. Mettez le miel à dorer dans une grande poêle. Saisissez les tranches de pain d'épice dans le miel mousseux, imbibez les deux faces et arrêtez le feu.

Préchauffez le four à 160 °C (therm 5-6).

Coupez le foie gras en gros morceaux. Placez 1 morceau de foie au fond d'une petite terrine en porcelaine, déposez 1 tranche de pain d'épice par-dessus, puis à nouveau un morceau de foie gras. Recommencez l'opération jusqu'à épuisement des ingrédients. Tassez bien.

Enfournez la terrine placée dans un bain-marie pendant 10 minutes.

Sortez la terrine du four ; laissez-la refroidir quelques minutes puis laissez-la reposer pendant 24 heures au réfrigérateur avant de déguster.

Accompagné de pain de seigle grillé et d'un verre de muscat glacé, ce foie gras sera un véritable délice ! Pour les poireaux, faites attention à bien retirer la terre : faites-les tremper au moins dix minutes dans de l'eau claire.

Foie gras aux poireaux

PRÉPARATION : 30 MIN

CUISSON : 45 MIN

MARINADE : 10 MIN

REPOS : 14 H

POUR 4 À 6 PERSONNES

> 1 lobe de foie gras cru de canard (500 à 600 g)
> 2 petits poireaux
> 1 cuill. à café de sel de Guérande
> 1/2 cuill. à café de poivre noir moulu
> 5 cl de porto blanc

Placez le foie gras à température ambiante 30 minutes avant de commencer.

Coupez les queues des poireaux, fendez-les en deux puis lavez-les soigneusement à l'eau claire. Mettez-les à cuire pendant 20 minutes à la vapeur, égouttez-les et laissez-les refroidir à température ambiante.

Ouvrez délicatement le foie gras et dénervez-le avec la pointe d'un couteau. Salez et poivrez le foie, puis arrosez-le avec le porto blanc ; laissez-le mariner pendant 10 minutes à température ambiante.

Préchauffez le four à 160 °C (therm. 5-6).

Disposez une partie du lobe de foie gras au fond d'une terrine en porcelaine. Ajoutez les poireaux par-dessus puis le reste du foie gras ; tassez le tout avec la main.

Enfournez la terrine placée dans un bain-marie pendant 25 minutes.

Sortez la terrine du four, laissez-la refroidir pendant 2 heures à température ambiante, puis 12 heures au réfrigérateur.

Démoulez la terrine puis découpez-la en tranches épaisses avant de servir.

N'hésitez pas à varier les plaisirs : cette recette sera tout aussi savoureuse si vous utilisez, à la place des abricots secs, des figues, des noix ou des noisettes concassées…

Terrine de foie gras aux abricots secs

PRÉPARATION : 30 MIN

MARINADE : 10 MIN

CUISSON : 45 MIN

REPOS : 14 H

POUR 4 À 6 PERSONNES

> 1 lobe de foie gras de canard cru (500 à 600 g)
> 1 cuill. à café de sel
> 1/2 cuill. à café de poivre
> 5 cl de vin moelleux (sainte-croix-du-mont, sauternes, etc.)
> 200 g d'abricots secs

Placez le foie gras à température ambiante 30 minutes avant de commencer.

Ouvrez délicatement le foie gras et dénervez-le avec la pointe d'un couteau. Salez-le et poivrez-le, puis arrosez-le avec le vin ; laissez-le mariner pendant 10 minutes à température ambiante.

Préchauffez le four à 130 °C (therm. 4-5).

Disposez une petite partie du lobe de foie gras au fond d'une terrine en porcelaine. Ajoutez des morceaux d'abricots secs par-dessus, puis à nouveau une partie du foie gras. Alternez ainsi foie gras et abricots jusqu'à épuisement des ingrédients, puis tassez le tout avec la main.

Enfournez la terrine placée dans un bain-marie pendant 45 minutes.

Sortez la terrine du four, laissez-la refroidir pendant 2 heures à température ambiante, puis 12 heures au réfrigérateur.

Découpez délicatement la terrine et dégustez-la avec le même vin que vous aurez utilisé pour la recette.

Le morceau de barde placé au fond
de la terrine permet de ne pas dessécher
le pâté lors de la cuisson.

Pâté de campagne

PRÉPARATION : 35 MIN

CUISSON : 1 H 45

REPOS : 12 H

POUR 6 À 8 PERSONNES

> 2 gousses d'ail
> 3 petites échalotes
> 4 branches de persil plat
> 300 g de foie de porc
> 300 g de chair de porc sans gras (épaule)
> 15 cl de lait
> 300 g de gorge de porc en morceaux (hachée par votre boucher)
> 20 g de sel fin
> 3 g de poivre noir moulu
> 2 œufs
> 1 cuill. à café de mélange quatre-épices
> 1 grand morceau de barde

Épluchez et hachez les gousses d'ail et les échalotes. Équeutez et lavez le persil. Taillez le foie et l'épaule de porc en petits morceaux.

Dans un robot, mixez finement le persil, l'ail et les échalotes. Ajoutez les morceaux de foie et d'épaule de porc. Versez le lait puis continuez à mixer jusqu'à ce vous obteniez un hachis fin et lisse.

Dans un saladier, préparez la farce : réunissez le précédent hachis et la gorge de porc. Salez, poivrez, puis ajoutez les œufs et le mélange quatre-épices. Mélangez énergiquement avec une spatule en bois.

Préchauffez le four à 180 °C (therm. 6).

Déposez le morceau de barde au fond d'une terrine en porcelaine et garnissez-le avec la farce. Tassez bien le tout puis enfournez la terrine placée dans un bain-marie pendant 1 heure 45.

Lorsque le pâté est cuit, laissez-le refroidir 1 heure à température ambiante, puis 11 heures environ au réfrigérateur avant de le découper et de le déguster.

Déclinez cette recette en remplaçant les pistaches par des raisins secs accompagnés d'une cuillerée de curry.

Fromage de tête à la pistache

PRÉPARATION : 45 MIN

CUISSON : 3 H

REPOS : 12 H

POUR 4 À 6 PERSONNES

- > 2 carottes
- > 1 gros oignon
- > 2 clous de girofle
- > 1 demi-tête de porc
- > 1 langue de porc
- > 1 pied de veau
- > 1 branche de céleri
- > 2 bouquets garnis
- > 1 l de bourgogne aligoté
- > 100 g de pistaches bien vertes mondées
- > Sel et poivre du moulin

Épluchez les carottes et l'oignon ; piquez les clous de girofle dans l'oignon.

Découpez la demi-tête de cochon en gros morceaux et lavez ceux-ci sous un filet d'eau froide. Dans une grande marmite, réunissez les morceaux de tête de porc, la langue de porc, le pied de veau (fendu en deux), le céleri et les bouquets garnis. Versez le vin blanc et ajoutez de l'eau à hauteur. Laissez mijoter pendant 3 heures à feu doux.

Lorsque la viande est cuite et moelleuse, égouttez-la dans un saladier. Laissez les deux morceaux de pied de veau dans le bouillon et faites réduire celui-ci jusqu'à obtenir 1/2 l environ de liquide. Filtrez.

Découpez la langue en deux. Hachez finement la tête avec un couteau. Mettez la viande hachée, les deux morceaux de langue dans le bouillon réduit. Ajoutez les pistaches légèrement concassées, salez, poivrez et faites bouillir pendant 1 minute. Versez ce mélange dans une grande terrine. Disposez les morceaux de langue au centre de la terrine. Laissez celle-ci prendre 12 heures au réfrigérateur.

Pour réaliser ces caillettes plus rapidement, vous pouvez remplacer la farce par de la chair à saucisse de bonne qualité. Dégustez les caillettes avec de la salade verte.

Caillettes de porc aux blettes

PRÉPARATION : 30 MIN

CUISSON : 1 H

REPOS : 12 H

POUR 4 PERSONNES

> 300 g de feuilles de blettes
> 300 g d'épinards
> 5 gousses d'ail
> 500 g d'échine de porc
> 250 g de poitrine de porc
> 300 g de foie de porc
> 2 œufs
> 1/2 cuill. à café de muscade râpée
> 1 cuill. à soupe de thym haché
> 1 cuill. à café de sel
> 1 cuill. à café de poivre noir moulu
> 2 crépines de porc

Nettoyez les feuilles de blettes et les épinards (vous pouvez garder la partie dure des épinards). Plongez-les 4 minutes dans une casserole d'eau bouillante salée. Égouttez-les et pressez-les.

Épluchez et hachez les gousses d'ail. Découpez l'échine, la poitrine et le foie de porc en morceaux et mixez l'ensemble dans un robot, en incorporant les œufs un par un. Ajoutez la muscade, le thym, l'ail haché, le sel et le poivre. Mixez quelques minutes afin d'obtenir une farce homogène.

Laissez tremper les crépines quelques minutes dans un bol d'eau froide pour bien les laver. Égouttez-les puis pressez-les. Découpez quatre carrés dans chaque crépine, de 16 cm de côté.

Préchauffez le four à 180 °C (therm. 6).

Répartissez les épinards et les verts de blettes sur les carrés de crépine ; salez, poivrez puis répartissez la farce sur la verdure et refermez chaque crépine. Disposez les caillettes (la verdure en haut) dans 2 grands plats à gratin. Enfournez pour 1 heure. Lorsqu'elles sont cuites et bien dorées, laissez-les refroidir dans le plat à température ambiante, puis 12 heures au réfrigérateur.

Pour réussir cette recette, veillez à ne pas faire bouillir la gelée, sinon elle ne prendra pas : c'est la condition essentielle du succès.

Jambon persillé au vin blanc

PRÉPARATION : 45 MIN

DESSALAGE : 4 H

CUISSON : 2 H 30

REPOS : 12 H MINIMUM

POUR 5 À 8 PERSONNES

> 2 jambonneaux demi-sel (ou 400 g de jarret)
> 800 g de palette de porc demi-sel (ou de jambon blanc cuit à l'os pas trop gras)
> 2 pieds de cochon
> 1 l de vin de bourgogne aligoté
> 1 oignon
> 1 branche de céleri
> 1 carotte
> Quelques grains de poivre
> 1 bouquet garni
> 4 feuilles de gélatine alimentaire
> 5 cl de vinaigre de vin
> 1 botte de persil plat
> 3 échalotes
> 5 gousses d'ail
> Sel et poivre du moulin

Mettez les jambonneaux (ou le jarret) et la palette de porc (ou le jambon à l'os) à dessaler pendant 4 heures à l'eau froide, en changeant l'eau toutes les heures.

Mettez les jambonneaux et la palette de porc à cuire dans l'eau pendant 30 minutes à feu doux dans une cocotte. Égouttez la viande et remettez-la dans la cocotte avec les pieds de cochon, le vin blanc, l'oignon, le céleri, la carotte, quelques grains de poivre et le bouquet garni. Mouillez à hauteur avec de l'eau et remettez à cuire pendant 2 heures à feu doux.

Lorsque la viande est cuite et moelleuse, égouttez-la et découpez-la en gros cubes irréguliers (taillez les jambonneaux en plus petits morceaux). Laissez cuire le bouillon avec les pieds de porc afin d'obtenir environ 1 l de liquide. Laissez tiédir, filtrez et ajoutez en fouettant la gélatine, préalablement ramollie à l'eau froide, et le vinaigre de vin.

Lavez et hachez grossièrement le persil, les échalotes et l'ail.

Dans une terrine, montez le jambon persillé en alternant le mélange ail-persil-échalotes et les morceaux de jambonneaux et de palette. Versez la gelée. Mettez la terrine à refroidir au moins 12 heures au réfrigérateur.

Le secret de cette recette tient dans la cuisson du cochon : plus il cuit lentement, à feu très doux, meilleur il sera. N'hésitez pas à ajouter un peu d'eau pendant la cuisson si la viande attache au fond.

Rillettes de porc à l'ancienne

PRÉPARATION : 35 MIN

CUISSON : 6 H ENVIRON

REPOS : 4 H

POUR 6 À 8 PERSONNES

> 400 g de poitrine de porc
> 300 g d'échine de porc
> 300 g de palette de porc fraîche
> 150 g de saindoux
> 2 branches de thym frais
> 2 feuilles de laurier
> 5 g de gros sel
> 1 cuill. à café de poivre noir moulu

Découpez la viande (poitrine, échine, palette) en gros cubes. Séparez le gras du maigre ; taillez la partie maigre et le gras en petits cubes. Réservez.

Mettez un verre d'eau à chauffer dans une cocotte. À ébullition, ajoutez le saindoux et laissez-le fondre à feu doux quelques minutes, puis ajoutez les cubes de viande maigre. Laissez rissoler pendant 10 minutes environ, en remuant. Ajoutez ensuite les cubes de gras et un autre verre d'eau. Laissez cuire pendant 1 heure, jusqu'à ce que le jus et la graisse recouvrent la viande.

Ajoutez le thym et le laurier, salez, poivrez et laissez mijoter pendant 5 heures à feu très doux, en remuant de temps en temps. Lorsque la viande est cuite et moelleuse, égouttez-la.

Écrasez les morceaux de maigre cuits avec une fourchette. Mélangez l'ensemble avec la graisse et le jus de cuisson, garnissez des petits ramequins ou un pot en grès, et laissez prendre les rillettes pendant 4 heures au réfrigérateur avant de déguster.

Vous pouvez réaliser cette recette en utilisant aussi bien de la volaille, du lapin ou du porc, ou en mélangeant toutes les viandes, afin d'obtenir une terrine plus originale et tout aussi délicieuse.

Terrine de pot-au-feu

PRÉPARATION : 30 MIN

CUISSON : 3 H

REPOS : 12 H

POUR 4 PERSONNES

> 4 poireaux
> 4 carottes
> 700 g de viande de pot-au-feu (gîte, macreuse, paleron, joue)
> 2 branches de thym
> 2 feuilles de laurier
> 7 feuilles de gélatine

Équeutez les poireaux, fendez-les en deux puis lavez-les à l'eau claire. Épluchez les carottes.

Mettez la viande de pot-au-feu dans une cocotte, mouillez à hauteur avec de l'eau et laissez mijoter pendant 3 heures à feu très doux. À mi-cuisson, ajoutez le thym, le laurier, les poireaux et les carottes (entières) dans la cocotte.

Faites ramollir les feuilles de gélatine dans un bol d'eau froide.

Une fois cuits, égouttez la viande et les légumes. Filtrez le bouillon, puis faites-le réduire de moitié à feu doux, jusqu'à obtenir 1/2 l de liquide environ. Arrêtez le feu et faites-y dissoudre les feuilles de gélatine ramollies.

Effilochez la viande, puis montez la terrine en intercalant des morceaux de viande, des poireaux et des carottes mélangés avec la gelée chaude.

Placez la terrine au réfrigérateur et laissez-la « prendre » pendant 12 heures, avant de pouvoir la démouler et la déguster.

En guise de variante, cette recette peut tout aussi bien être cuisinée avec du chevreuil ou encore du lièvre.

Pâté de sanglier

PRÉPARATION : 40 MIN

CUISSON : 2 H

REPOS : 12 H

POUR 4 À 6 PERSONNES

> 500 g de viande de sanglier
> 500 g de poitrine de porc
> 2 œufs
> 5 cl de cognac
> 1 cuill. à café de cacao en poudre
> 1 cuill. à café de muscade râpée
> 1 cuill. à café de sel fin
> 1 cuill. à café de poivre moulu
> 1 grand morceau de barde
> 2 branches de thym frais
> 2 feuilles de laurier

Découpez la viande de sanglier et la poitrine de porc en gros cubes. Hachez ceux-ci dans un robot. Ajoutez tout en mixant les œufs, un par un, puis le cognac, le cacao, la muscade, le sel et le poivre.

Préchauffez le four à 170 °C (therm. 5-6).

Découpez la barde et tapissez-en les côtés d'une terrine (ou de quatre petites terrines individuelles). Versez la farce. Déposez un morceau de barde par-dessus, le thym et le laurier. Tassez bien le tout puis enfournez la terrine placée dans un bain-marie pendant 2 heures.

Lorsque la terrine est cuite, laissez-la reposer pendant 3 heures à température ambiante, puis pendant 9 heures au réfrigérateur, avant de la démouler et la servir.

Agrémentez cette recette de rillettes en ajoutant, en fin de préparation, des zestes d'orange confits au sucre, ou encore des pistaches ou des noisettes hachées.

Rillettes d'oie

PRÉPARATION : 45 MIN

CUISSON : 3 H 30

REPOS : 2 H

POUR 4 À 6 PERSONNES

> 6 gousses d'ail
> 300 g de palette de porc (maigre)
> 3 cuill. à soupe de graisse d'oie
> 1 oie entière (complètement désossée)
> 2 branches de thym frais
> 4 feuilles de laurier
> 1 cuill. à café de sel fin
> 1/2 cuill. à café de poivre noir moulu

Épluchez et hachez les gousses d'ail. Découpez la palette de porc en gros cubes.

Faites fondre la graisse d'oie dans une grande cocotte. Mettez-y l'oie désossée avec la peau, les cubes de palette de porc, l'ail haché, le thym, le laurier, le sel et le poivre. Chauffez à feu doux en remuant, afin de laisser colorer légèrement les morceaux de viande. Mouillez ensuite avec 20 cl d'eau, puis laissez mijoter la cocotte à feu très doux pendant 3 heures, en remuant de temps en temps.

Lorsque la viande est bien fondante, retirez le thym et le laurier. Effilochez la viande avec une fourchette, puis mélangez-la avec la graisse de cuisson.

Versez les rillettes d'oie encore bouillantes dans des petits ramequins individuels. Laissez ceux-ci refroidir 1 heure à température ambiante, puis 1 heure au réfrigérateur avant de pouvoir les déguster.

Vous pouvez également cuisiner cette recette en ajoutant des raisins ou des abricots secs.

Pâté de foies de volaille

PRÉPARATION : 25 MIN

MARINADE : 12 H

CUISSON : 1 H 40

REPOS : 1 OU 2 JOURS

POUR 4 À 6 PERSONNES

> 450 g de gorge de porc
> 1 verre de vin blanc (soit 25 cl)
> 500 g de foies de volaille
> 2 cuill. à soupe de porto
> 1/2 cuill. à café de fleur de thym hâché
> 1 œuf
> 2 cuill. à soupe de crème fraîche
> 150 g de pistaches mondées
> 2 cuill. à soupe d'armagnac
> 200 g de barde
> 2 feuilles de laurier
> Muscade
> Sel, poivre

La veille, mettez à mariner dans un saladier la gorge de porc découpée en gros cubes avec le vin blanc, les foies de volaille, le porto et le thym haché. Assaisonnez de muscade, de sel et de poivre.

Le lendemain, retirez la gorge de porc de la marinade et mixez-la. Ajoutez la moitié des foies de volaille, l'œuf, la crème épaisse, 1/2 cuillerée à café de sel et 1/2 cuillerée à café de poivre, les pistaches grossièrement concassées et mixez le tout.

Versez la farce dans un grand saladier, ajoutez l'armagnac et le reste des foies de volaille en morceaux, puis remuez avec une spatule en bois. Laissez reposer 1 heure au réfrigérateur.

Préchauffez le four à 180 °C (therm. 6).

Découpez la barde en deux morceaux. Disposez le premier morceau au fond d'une terrine en porcelaine, ajoutez la farce et tassez bien. Déposez l'autre morceau de barde par-dessus et ajoutez le laurier. Enfournez le pâté placé dans un bain-marie et laissez-le cuire 1 heure 40. Laissez reposer pendant 1 ou 2 jours avant de servir.

Cette recette est également délicieuse avec des zestes d'orange confits au sucre, concassés, puis mélangés dans la mousse avant de placer celle-ci au réfrigérateur.

Mousse de foies de volaille à l'armagnac

PRÉPARATION : 1 H

CUISSON : 20 MIN

REPOS : 12 H

POUR 4 À 6 PERSONNES

- 2 cuill. à soupe de crème fraîche épaisse
- 1 oignon
- 125 g de beurre demi-sel
- 300 g de foies de volaille très fermes de bonne qualité
- 2 cuill. à soupe d'armagnac
- Sel, poivre

Montez légèrement la crème fraîche en la fouettant, puis réservez-la au réfrigérateur.

Épluchez et hachez finement l'oignon. Saisissez-le dans une grande poêle avec 1/3 du beurre (laissez le reste du beurre ramollir à température ambiante). Faites cuire l'oignon pendant 10 minutes à feu doux en remuant.

Ajoutez les foies de volaille dans la poêle. Salez, poivrez puis laissez-les cuire pendant 10 minutes avec les oignons, toujours à feu doux, en les retournant de temps en temps. Flambez avec l'armagnac. Arrêtez le feu et laissez refroidir.

Mixez les foies de volaille, les oignons, le jus de cuisson et le reste du beurre dans un robot, jusqu'à ce que vous obteniez un mélange lisse et homogène. Ajoutez la crème légèrement montée et réservée, puis mixez de nouveau quelques instants pour l'incorporer aux foies de volaille.

Remplissez une verrine (ou des ramequins) de mousse de foies. Couvrez et laissez prendre au réfrigérateur pendant une nuit avant de la servir.

Pour cette recette, faites attention à la cuisson des poivrons au four, ils doivent être bien moelleux. Vous pouvez ajouter des tranches de fromage de chèvre : c'est délicieux.

Terrine de légumes du soleil

PRÉPARATION : 45 MIN

CUISSON : 35 MIN

REPOS : 12 H

POUR 4 À 6 PERSONNES

> 2 poivrons verts
> 2 poivrons rouges
> 7 feuilles de gélatine
> 1 botte de basilic
> 4 petites courgettes
> 6 cuill. à soupe d'huile d'olive
> 4 gousses d'ail hachées
> 1 cuill. à soupe de thym haché
> Sel et poivre du moulin

Préchauffez le four à 180 °C (therm. 6). Lavez les poivrons verts et rouges puis enveloppez chacun dans une feuille d'aluminium. Mettez-les à cuire au four dans un grand plat pendant 35 minutes. Faites tremper les feuilles de gélatine dans un bol d'eau froide. Effeuillez le basilic.

Pendant ce temps, lavez les courgettes puis taillez-les en fines lamelles. Dans une grande poêle, saisissez-les dans 4 cuillerées d'huile d'olive, sans trop les colorer. Réservez.

Sortez les poivrons du four, ouvrez-les. Récupérez l'eau de cuisson et filtrez-la. Épluchez les poivrons et découpez-les en larges lamelles. Mélangez l'eau de cuisson des poivrons avec de l'eau claire afin d'obtenir 50 cl de liquide.

Dans une petite casserole, saisissez l'ail haché dans l'huile d'olive restante, ajoutez le thym haché, puis laissez torréfier pendant 1 minute. Versez le liquide de cuisson des poivrons dans la casserole et faites bouillir pendant 2 minutes. Salez, poivrez et arrêtez le feu. Ajoutez la gélatine et fouettez pour la dissoudre.

Montez la terrine en intercalant des lamelles de poivrons, des feuilles de basilic et des lamelles de courgettes, tout en versant petit à petit la gelée jusqu'en haut. Laissez la terrine « prendre » pendant 1 nuit au réfrigérateur puis démoulez-la délicatement. Découpez des tranches épaisses à l'aide d'un couteau électrique et dégustez-les accompagnées de tapenade ou de rouille.

Dans cette recette, les citrons verts sont cuisinés avec leur peau : attention, donc, à bien utiliser des citrons issus de l'agriculture biologique, car c'est dans la peau que sont contenus les pesticides.

Terrine de poulet au citron et aux poivrons

PRÉPARATION : 35 MIN

CUISSON : 1 H 30

REPOS : 12 H

POUR 4 À 6 PERSONNES

> 2 citrons verts
> 2 poivrons rouges
> 1 poivron vert
> 3 blancs de poulet
> 2 cuisses de poulet (complètement désossées)
> 1 cuill. à café de sel fin
> 20 cl de crème fraîche liquide
> 2 œufs
> 1 cuill. à soupe de thym haché et séché
> 4 cuill. à soupe d'huile d'olive
> 2 feuilles de laurier
> 1 branche de thym frais

La veille, placez les citrons au congélateur (le zeste sera prélevé plus facilement).

Le lendemain, préchauffez le four à 170 °C (therm. 5-6). Lavez les poivrons puis enfournez-les 30 minutes. Lorsqu'ils sont cuits, égouttez-les, épluchez-les et taillez-les en larges lanières.

Découpez le poulet en gros cubes et mixez-les avec le sel, la crème et les œufs, pour obtenir une farce homogène. Versez dans un saladier. Ajoutez le thym séché et l'huile d'olive.

Préchauffez le four à 180 °C (therm. 6). Râpez les zestes des citrons et pressez les fruits. Ajoutez à la farce les zestes, le jus des citrons et les lanières de poivrons (gardez-en quelques-unes). Mélangez bien avec une spatule. Versez la farce dans une grande terrine et tassez. Disposez par-dessus les lanières de poivrons réservées, le laurier et la branche de thym frais.

Enfournez la terrine placée dans un bain-marie pour 1 heure. Laissez-la refroidir à température ambiante pendant 12 heures.

Terrine de canard aux tomates séchées et au basilic

PRÉPARATION : 40 MIN

MARINADE : 12 H

CUISSON : 2 H

REPOS : 12 H

POUR 4 À 6 PERSONNES

> 2 gros magrets de canard
> 1 cuill. à café d'herbes de Provence
> 7 cuill. à soupe d'huile d'olive
> 2 cuill. à soupe de liqueur GRAND MARNIER®
> 150 g de tomates séchées
> 1 botte de basilic
> 300 g de chair à saucisse
> 1 œuf
> 1 cuill. à café de fleur de sel de Guérande
> 1 cuill. à café de poivre noir moulu
> 6 aiguillettes de canard crues

La veille, détachez la peau des magrets de canard ; réservez-la. Découpez la chair des magrets en gros cubes. Dans un saladier, assaisonnez les cubes avec les herbes de Provence, 5 cuillerées à soupe d'huile d'olive et la liqueur. Faites mariner le tout pendant 12 heures au réfrigérateur. Dans un autre saladier, faites également mariner pendant 12 heures les tomates séchées dans les 2 cuillerées à soupe d'huile d'olive restantes.

Le lendemain, lavez et effeuillez le basilic. Mixez dans un robot la viande de canard, la chair à saucisse et la marinade. Ajoutez l'œuf, le sel de Guérande et le poivre, et mixez à nouveau jusqu'à ce que vous obteniez une farce homogène.

Tapissez le fond d'une terrine avec l'une des deux peaux de magret réservées. Disposez une couche de farce, recouvrez avec 2 aiguillettes, quelques tomates séchées et marinées (réservez l'huile dans laquelle les tomates ont mariné) et 1/3 des feuilles de basilic. Ajoutez une nouvelle couche de farce, 2 autres aiguillettes, des tomates séchées et 1/3 du basilic. Recommencez l'opération une dernière fois et terminez par une couche de farce. Tassez bien le tout. Disposez la seconde peau de magret réservée par-dessus et arrosez avec l'huile de marinade des tomates réservée.

Préchauffez le four à 170 °C (therm. 5-6).

Enfournez la terrine au bain-marie et laissez-la cuire pendant 2 heures.

Sortez la terrine du four et laissez-la reposer pendant 12 heures environ avant de la servir.

Pour donner un petit goût de Méditerranée à cette recette, remplacez l'estragon par du basilic et les épinards par de la roquette, et ajoutez des olives et de la tomate confite.

Terrine de veau à l'épinard, à l'estragon et au parmesan

PRÉPARATION : 35 MIN

CUISSON : 1 H 30

REPOS : 12 H ENVIRON

POUR 6 À 8 PERSONNES

> 100 g d'épinards
> 1/2 botte d'estragon frais
> 3 escalopes de veau (environ 600 g en tout)
> 100 g de parmesan
> 1 cuill. à café de sel
> 1 cuill. à café de poivre moulu
> 2 œufs
> 15 cl de crème fraîche liquide
> 100 g de chair à saucisse

Équeutez et lavez les épinards et l'estragon.

Découpez les escalopes de veau et le parmesan en petits morceaux. Hachez ceux-ci dans un robot. Ajoutez le sel, le poivre puis les œufs (l'un après l'autre). Versez la crème fraîche petit à petit, toujours en mixant.

Dans un grand saladier, mélangez la farce de veau avec la chair à saucisse. Ajoutez les feuilles d'estragon et les épinards. Mélangez énergiquement avec une spatule.

Préchauffez le four à 170 °C (therm. 5-6).

Versez la préparation dans une terrine en porcelaine, tassez-la, placez-la dans un bain-marie puis enfournez-la pour 1 heure 30.

Sortez la terrine du four et laissez-la refroidir à température ambiante, puis 12 heures au réfrigérateur. Découpez la terrine en tranches fines et dégustez-la avec une salade de roquette assaisonnée de baies roses.

Vous pouvez réaliser cette recette à moindre prix, en remplaçant le poulet par des filets de dinde.

Terrine de poulet et champignons au thym

PRÉPARATION : 35 MIN

CUISSON : 1 H 30 ENVIRON

REPOS : 12 H

POUR 4 À 6 PERSONNES

> 400 g de champignons de Paris
> 5 cuill. à soupe d'huile d'olive
> 3 feuilles de laurier
> 4 blancs de poulet
> 25 cl de crème fraîche liquide
> 2 œufs
> 1 cuill. à café de poivre noir moulu
> 4 cuill. à soupe de vinaigre balsamique
> 1 cuill. à café de thym haché et séché
> Sel

Lavez les champignons de Paris puis émincez-les. Chauffez l'huile d'olive dans une grande poêle. Saisissez les champignons émincés dans l'huile fumante avec le laurier et laissez-les colorer plusieurs minutes à feu vif. Égouttez-les (réservez le jus de cuisson) puis laissez-les refroidir.

Découpez les blancs de poulet en gros cubes et mixez-les avec 1 cuillerée à café de sel, la crème fraîche et les œufs (ajoutés l'un après l'autre) jusqu'à obtenir une farce fine et homogène.

Préchauffez le four à 180 °C (therm. 6).

Dans un saladier, mélangez la farce avec les champignons (vous pouvez garder un peu de champignons pour les disposer au centre de la terrine). Ajoutez le jus de cuisson des champignons, salez et poivrez. Ajoutez ensuite le vinaigre balsamique et le thym séché. Remuez énergiquement puis versez la farce dans une terrine.

Tassez bien la terrine, placez-la dans un bain-marie et enfournez pour 1 heure 30.

Sortez la terrine du four et laissez-la refroidir, puis placez-la au réfrigérateur pendant 12 heures avant de la servir.

Pour réaliser cette recette, il est conseillé d'utiliser de grosses dattes charnues : elles sont meilleures et moins sucrées.

Compotée de lapin aux dattes

PRÉPARATION : 25 MIN

CUISSON : 2 H 30 ENVIRON

REPOS : 12 H

POUR 6 À 8 PERSONNES

> 2 gros oignons
> 3 gousses d'ail
> 3 cuill. à soupe de graisse de canard
> 5 cuisses de lapin
> 2 branches de thym frais
> 2 feuilles de laurier
> 10 grosses dattes
> 1/2 bouteille de vin blanc (soit 37,5 cl)
> Sel et poivre du moulin

Épluchez et émincez finement les oignons et l'ail. Faites fondre la graisse de canard dans une cocotte. Saisissez les oignons et l'ail émincés dans la graisse chaude, puis ajoutez les cuisses de lapin, le thym et les feuilles de laurier. Laissez roussir à feu vif en remuant.

Ajoutez les dattes dans la cocotte, laissez cuire pendant 2 minutes, puis mouillez avec le vin blanc. Baissez le feu, salez, poivrez et laissez mijoter pendant 2 heures 30 à feu doux et à couvert.

Égouttez et effilochez la chair des morceaux de lapin dans un saladier. Laissez réduire le jus de cuisson aux trois quarts.

Retirez les noyaux des dattes et mélangez leur chair avec celle du lapin. Ajoutez-y le jus de cuisson réduit. Remuez puis versez la compotée dans un récipient et laissez-la reposer une nuit avant de déguster.

Pour réaliser cette terrine, demandez à votre boucher de désosser intégralement la pintade. Vous pouvez aussi utiliser des filets, mais ils seront moins goûteux et plus secs. Cette recette est également délicieuse, préparée avec du faisan.

Terrine de pintade au chou vert

PRÉPARATION : 40 MIN

CUISSON : 2 H

REPOS : 12 H

POUR 6 À 8 PERSONNES

> 10 feuilles de chou vert frisé
> 1 pintade (complètement désossée par votre boucher)
> 25 cl de crème fraîche
> 2 œufs
> 400 g de chair à saucisse
> 1 cuill. à café de sel fin
> 1 cuill. à café de poivre noir moulu
> 2 cuill. à soupe de moutarde forte

Lavez et retirez la partie dure des feuilles de chou. Faites-les blanchir pendant 5 minutes à l'eau bouillante salée. Égouttez-les, rafraîchissez-les et réservez-les au frais sur du papier absorbant.

Retirez la peau de la pintade et réservez-la. Découpez la chair en cubes et mixez-les avec la crème fraîche et les œufs jusqu'à ce que vous obteniez une farce lisse et homogène. Dans un saladier, mélangez la farce avec la chair à saucisse. Salez, poivrez, ajoutez la moutarde puis mélangez énergiquement avec une spatule.

Préchauffez le four à 170 °C (therm. 5-6).

Disposez la moitié de la peau de pintade au fond d'une grande terrine. Versez une couche de farce puis recouvrez avec une feuille de chou. Versez à nouveau une couche de farce, puis déposez à nouveau une feuille de chou. Recommencez l'opération jusqu'à épuisement des ingrédients. Terminez en déposant le reste de la peau de pintade par-dessus ; tassez bien.

Enfournez la terrine placée dans un bain-marie pendant 2 heures. Sortez-la du four et laissez-la reposer et refroidir pendant 12 heures avant de la démouler et de la déguster.

TABLE DES ÉQUIVALENCES FRANCE-CANADA

POIDS

55 g	2 onces	200 g	7 onces	500 g	18 onces
100 g	3,5 onces	250 g	9 onces	750 g	27 onces
150 g	5 onces	300 g	11 onces	1 kg	36 onces

Ces équivalences permettent de calculer le poids, à quelques grammes près (en réalité, 1 once = 28 g).

CAPACITÉS

25 cl	9 onces	75 cl	26 onces
50 cl	17 onces	1 l	35 onces

Pour faciliter la mesure des capacités, 25 cl équivalent ici à 9 onces (en réalité, 23 cl = 8 onces = 1 tasse).

Textes et crédits photographiques
Jean-François MALLET

Direction éditoriale Véronique DE FINANCE-CORDONNIER
Édition Mathilde PITON, assistée de Magali MARQUET
Direction artistique Emmanuel CHASPOUL
Mise en page Sylvie SÉNÉCHAL
Lecture-correction Chantal PAGÈS, assistée de Sylvie PORTÉ
Couverture Véronique LAPORTE
Fabrication Annie BOTREL

ISBN 978-2-03-584433-0

Photogravure Turquoise, Émerainville
Imprimé en Espagne par Graficas Estella, Estella
Dépôt légal : septembre 2009 – 303238/01 – 11008919 août 2009